Guitar Chord Songbook

Children's Songs

ISBN 0-634-05060-5

7777 W. BLUEMOUND RD. P.O. BOX 13819 MILWAUKEE, WI 53213

Visit Hal Leonard Online at
www.halleonard.com

Contents

A-Tisket A-Tasket

Traditional

Verse

  C
A-tisket, a-tasket,

A green and yellow basket,

G7
I wrote a letter to my love

       C
And on the way I dropped it,

I dropped it, I dropped it,

And on the way I dropped it,

     G7
A little boy picked it up

      C
And put it in his pocket.

Alphabet Song

Traditional

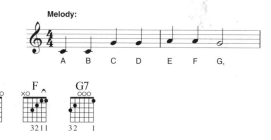

Verse

```
     C         F   C
     A  B  C D  E  F  G,

     G7   C   G7        C
     H  I  J  K  L  M  N  O  P,

          G7   C   G7
     Q  R  S and T  U  V,

     C G7   C    G7
     W    and X  Y  Z.

     C                  F  C
     Now you've heard my ABCs;

     G7   C     G7    C
     Tell me what you think of me.
```

Animal Fair

American Folksong

Verse

   A
I went to the animal fair,

                E7
The birds and the beasts were there,

The big baboon, by the light of the moon

           A
Was combing his auburn hair.

The monkey, he got drunk,

           E7
And sat on the elephant's trunk,

The elephant sneezed, and fell on his knees,

         A
And what became of the monk, the monk, the monk?

The Bare Necessities
from Walt Disney's THE JUNGLE BOOK

Words and Music by Terry Gilkyson

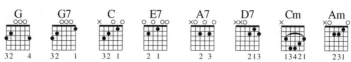

Verse

      G   **G7**
Look for the bare ne-cessities,

     C
The simple bare necessities,

     G7   **E7**   **A7**
For-get about your worries and your strife.

D7   **G**   **G7**
  I mean the bare ne-cessities

     C
Or Mother Nature's recipes

     G   **E7**   **A7** **D7** **G**
That bring the bare ne-cessities__ of life.

        D7   **G**
Wherever I wander, wherever I roam,

        D7   **G**
I couldn't be fonder of my big home.

G7   **C**   **Cm**
   The bees are buzzin' in the tree

        G   **A7**
To make some honey just for me,

    Am **C**   **D7**   **G**
The bare ne-cessities of life will come to you.

Any Dream Will Do

from JOSEPH AND THE AMAZING TECHNICOLOR DREAMCOAT

Music by Andrew Lloyd Webber
Lyrics by Tim Rice

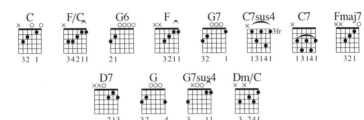

Intro | C | F/C | C |

Verse 1

G6 N.C.   C   G6   C
I closed my eyes,   drew back the curtain

F   C   G7   C
To see for certain   what I though I knew.

G6   C   G6   C
Far, far a-way   someone was weeping,

F   C
But the world was sleeping;

G7   C
Any dream will do.

Verse 2

G6   C   G6   C
I wore my coat   with golden lining,

F   C   G7   C
Bright colors shining   wonderful and new.

G6   C   G6   C
And in the east   the dawn was breaking,

F   C
And the world was waking,

G7   C   C7sus4 C7
Any dream will do.

GUITAR CHORD SONGBOOK

Bridge

       F   Fmaj7
A crash of drums, a flash of light,

      D7
My golden coat flew out of sight.

      C   G7
The colors faded into darkness,

    G   D7 G   G7sus4 G7
I was left a - lone.

Verse 3

      N.C.   C G6   C
May I re-turn   to the be-ginning,

      F   C   G7   C
   The light is dimming   and the dream is too,

G6   C G6   C
   The world and I,   we are still waiting,

      F   C   G   C Dm/C C
   Still hesi-tating,   any dream will do,

Dm/C   C   Dm/C C
   Any dream will do,

G7   C
Any dream will do.

Be Kind to Your Web-Footed Friends

Traditional

F   C7

Verse

    F
Be kind to your web-footed friends,

             C7
For a duck may be somebody's mother,

You may think that this is the end,

    F
And it is.

GUITAR CHORD SONGBOOK

The Bear Went Over the Mountain

Traditional

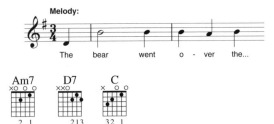

Verse 1

      G   Am7 G
The bear went over the moun - tain,

      D7   G
The bear went over the mountain,

                  C
The bear went over the mountain,

      G   D7   G
To see what he could see.

Verse 2

      G   Am7 G
He saw another moun - tain,

      D7   G
He saw another mountain,

            C
He saw another mountain,

      G   D7   G
And that's what he could see.

The Bible Tells Me So

Words and Music by Dale Evans

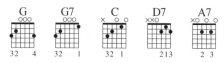

Verse 1

    G   **G7**
Have faith, hope, and charity,

    C   **G**
That's the way to live suc-cessfully.

How do I know?

    D7   **G** **C** **G**
The Bible tells me so.

Verse 2

D7 G   **G7**
Do good to your enemies

    C   **G**
And the blessed Lord you'll surely please.

How do I know?

    D7   **G** **C** **G**
The Bible tells me so.

Bridge

G7   **C**
Don't worry 'bout tomorrow,

   G
Just be real good today.

   A7
The Lord is right beside you,

   D7
He'll guide you all the way.

Verse 3   *Repeat Verse 1*

A Bicycle Built for Two
(Daisy Bell)

Words and Music by Harry Dacre

Melody:

Dai - sy,   Dai - sy,

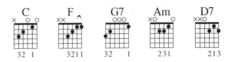

Verse

  C   F   C
Daisy, Daisy, give me your answer do.

G7   C   Am D7   G7
I'm half cra - zy   all for the love of you.

               C
It won't be a stylish marriage,

       F   C   G7
I can't af-ford a carriage.

     C   G7   C   G7
But you'll look sweet on the seat

     C   G7   C
Of a bicycle built for two.

Bingo

Traditional

Melody:

There was a farm-er had a dog and...

Note: Each time a letter of BINGO is deleted in the lyric, clap
your hands in place of singing the letter.

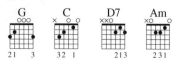

Verse 1

        G   **C** **D7**
There was a farmer had a dog

    G   **D7**   **G**
And Bingo was his name-o.

G   **C**
B - I - N - G - O,

D7   **G**
B - I - N - G - O,

C   **Am**
B - I - N - G - O,

    D7   **G**
And Bingo was his name-o.

Verse 2

        G   **C** **D7**
There was a farmer had a dog

    G   **D7**   **G**
And Bingo was his name-o.

G   **C**
– - I - N - G - O,

D7   **G**
– - I - N - G - O,

C   **Am**
– - I - N - G - O,

    D7   **G**
And Bingo was his name-o.

Verse 3

      G   **C**   **D7**
There was a farmer had a dog

   G   **D7**   **G**
And Bingo was his name-o.

G   **C**
– – – - N - G - O,

D7   **G**
– – - - N - G - O,

C   **Am**
– - – - N - G - O,

   D7   **G**
And Bingo was his name-o.

Verse 4

      G   **C**   **D7**
There was a farmer had a dog

   G   **D7**   **G**
And Bingo was his name-o.

G   **C**
– - – - – - G - O,

D7   **G**
– - – - – - G - O,

C   **Am**
– - – - – - G - O,

   D7   **G**
And Bingo was his name-o.

Verse 5

      G   **C**   **D7**
There was a farmer had a dog

   G   **D7**   **G**
And Bingo was his name-o.

G   **C**
_ - _ - _ - _ - O,

D7   **G**
_ - _ - _ - _ - O,

C   **Am**
_ - _ - _ - _ - O,

   D7   **G**
And Bingo was his name-o.

Verse 6

      G   **C**   **D7**
There was a farmer had a dog

   G   **D7**   **G**
And Bingo was his name-o.

G   **C**
_ - _ - _ - _ -,

D7   **G**
_ - _ - _ - _ -,

C   **Am**
_ - _ - _ - _ -,

   D7   **G**
And Bingo was his name-o.

Bob the Builder "Intro Theme Song"

Words and Music by Paul Joyce

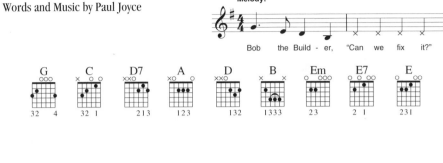

Verse 1

     G   C   D7
Verse 1 Bob the Builder, "Can we fix it?"

     G   D7 G
Bob the Builder, "Yes we can!"

     C   G   C   G
Scoop, Muck, and Dizzy and Roley too,

     C   G   A   D
Lofty and Wendy join the crew.

     C   G   C   G
Bob and the gang have so much fun,

     C   G   D7   G
Working to-gether, they get the job done.

     G   C   D7
Bob the Builder, "Can we fix it?"

     G   D7 G
Bob the Builder, "Yes we can!"

     C   G C   G
Pilchard and Bird, Travis and Spud,

     C   G   D7   G
Playing to-gether like good friends should.

     G   C   D7
Bob the Builder, "Can we fix it?"

     G   D7 G
Bob the Builder, "Yes we can!"

Bridge 1

B   **Em**
Ev'ry day's a new adventure,

B   **Em**
So much to be done.

C   **G**
Bob can tackle any situation,

A   **D**
Look out here they come!

Scoop, Muck, Dizzy, Roley,

            D7
Lofty, Wendy, Pilchard, Bird,

Travis and Spud. Aah!

Verse 2

G   **C**   **D7**
Bob the Builder, "Can we fix it?"

G   **D7**   **G**
Bob the Builder, "Yes we can!"

C   **G**   **C**   **G**
First thing on Monday, the telephone rings,

C   **G**   **A**   **D**
Wendy gets busy and the day be-gins.

C   **G**   **C**   **G**
Bob and the gang will think of a plan,

C   **G**   **D7**   **G**
Racing to the rescue as fast as they can.

G   **C**   **D7**
Bob the Builder, "Can we fix it?"

G   **D7**   **G**
Bob the Builder, "Yes we can!"

```
C        G      C            G
```
Digging and mixing, having so much fun,

```
C        G           D7       G
```
Working to-gether, they get the job done.

```
A              D      E7
```
Bob the Builder, "Can we fix it?"

```
A              E7     A
```
Bob the Builder, "Yes we can!"

Bridge 2
```
E
```
Scoop, Muck, Dizzy, Roley,

```
            E7
```
Lofty, Wendy, Pilchard, Bird,

Travis and Spud. Aah!

Outro
```
A              D      E7
```
Bob the Builder, "Can we fix it?"

```
A              E7     A
```
Bob the Builder, "Yes we can!"

```
            D      E7
```
Bob the Builder, "Can we fix it?"

```
A              E7     A
```
Bob the Builder, "Yes we can!"

The Blue Tail Fly (Jimmy Crack Corn)

Words and Music by Daniel Decatur Emmett

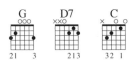

Verse 1

G   D7
When I was young, I used to wait

              G
On master, handing him his plate.

                    C
I brought his bottle when he was dry

D7   G
And brushed away the blue tail fly.

Chorus 1

G   D7
Jimmy crack corn, and I don't care,

              G
Jimmy crack corn, and I don't care,

              C
Jimmy crack corn, and I don't care,

D7   G
Old master's gone a-way.

Verse 2

G   D7
He used to ride each afternoon,

              G
I'd follow with a hick'ry broom.

                  C
The pony kicked his legs up high,

D7   G
When bitten by the blue tail fly.

Chorus 2   *Repeat Chorus 1*

Verse 3
        G   D7
The pony jump, he run, he pitch,

               G
He threw my master in the ditch.

               C
My master died and who'll deny,

       D7   G
The blame was on the blue tail fly.

Chorus 3   *Repeat Chorus 1*

Verse 4
        G   D7
Old master's dead and gone to rest,

               G
They say it happened for the best,

               C
I won't forget un-til I die

       D7   G
My master and the blue tail fly.

Chorus 4   *Repeat Chorus 1*

Verse 5
        G   D7
A skeeter bites right through your clothes,

               G
A hornet strikes you on the nose,

               C
The bees may get you passing by,

       D7   G
But oh, much worse, the blue tail fly.

Chorus 5   *Repeat Chorus 1*

The Brady Bunch

Theme from the Paramount Television Series THE BRADY BUNCH

Words and Music by Sherwood Schwartz and Frank Devol

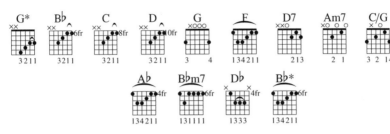

Intro | G* Bb C |D N.C.

Verse 1

              G
Here's the story of a lovely lady

                              F   D7
Who was bringing up three very lovely girls.

        Am7   D7 Am7   D7
All of them had hair of gold   like their mother,

                      G
The youngest one in curls.

Verse 2

              G
It's the story of a man named Brady

                             F   D7
Who was busy with three boys of his own.

        Am7   D7   Am7 D7
They were four men   living all to-gether,

                G C/G G Eb7
Yet they were all a-lone.

Verse 3

          Ab
'Til the one day when the lady met this fellow,

                                        Bbm7   **Eb7**
And they knew that it was much more than a hunch

        Bbm7   **Eb7**   **Bbm7** **Eb7**
That this group must somehow form a fam'ly.

        Bbm7   **Eb7**   **Ab**
That's the way we all be-came the Brady Bunch.

          Db   **Ab**
The Brady Bunch, the Brady Bunch,

         Bb*   **Eb7**   **Ab**
That's the way we be-came the Brady Bunch.

Buffalo Gals (Won't You Come Out Tonight?)

Words and Music by Cool White (John Hodges)

Verse 1

C
Buffalo gals, won't ya come out tonight,

G7
Won't ya come out tonight,

C
Won't ya come out tonight?

Buffalo gals, won't ya come out tonight

G7   C
And dance by the light of the moon?

Chorus 1
          C
I danced with a gal with a hole in her stocking

        G7
And her heel kept a rockin'

       C
And her toe kept a knockin'.

I danced with a gal with a hole in her stocking,

      G7   C
And we danced by the light of the moon.

Verse 2
        C
Yes, pretty boys, we'll come out tonight,

      G7
We'll come out tonight,

     C
We'll come out tonight.

Yes, pretty boys, we'll come out tonight

    G7   C
And dance by the light of the moon.

Chorus 2   *Repeat Chorus 1*

"C" Is for Cookie

Words and Music by Joe Raposo

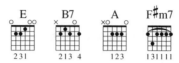

Intro

    E
Cookie starts with C.

Let's think of other things that start with C.
    N.C.
Ah, who cares a-bout the other things!

Verse 1

    E
C is for cookie, that's good enough for me!
B7
C is for cookie, that's good enough for me!
E   **A**   **F#m7**
C is for cookie, that's good enough for me!
  E   **B7**   **E N.C.**
Oh, cookie, cookie, cookie starts with C.

Verse 2

    E
C is for cookie, that's good enough for me!
B7
C is for cookie, that's good enough for me!
E   **A**   **F#m7**
C is for cookie, that's good enough for me!
  E   **B7**   **E N.C.**
Oh, cookie, cookie, cookie starts with C.

Hey, you know what?

Verse 3

E
A round cookie with one bite out of it looks like a C.

B7
A round doughnut with one bite out of it looks like a C,

E   A
But it is not as good as a cookie.

F#m7   E   B7
Oh, and the moon sometimes looks like a C.

E
But you can't eat that.

Verse 4

B7 E
So C is for cookie, that's good enough for me!

B7
C is for cookie, that's good enough for me!

E   A   F#m7
C is for cookie, that's good enough for me!

    E   B7   E
Oh, cookie, cookie, cookie starts with C. Yeah!

           B7   E
Cookie, cookie, cookie starts with C. *Oh boy!*

           B7   E
Cookie, cookie, cookie starts with C.

Candle on the Water

from Walt Disney's PETE'S DRAGON

Words and Music by Al Kasha and Joel Hirschhorn

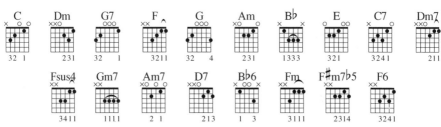

Verse 1

    C   Dm G7 F   G
I'll be your candle on the water,

    C   Am   F   Bb
My love for you will always burn.

G E   Am   C7
I know you're lost and drifting,

F   C
But the clouds are lifting,

F   G7   C   Dm7 G7
Don't give up; you have somewhere to turn.

Verse 2

    C   Dm G7 F   G
I'll be your candle on the water,

    C   Am   F   Bb
'Til ev'ry wave is warm and bright,

    G E   Am   C7
My soul is there be-side you,

F   C
Let this candle guide you,

F   G7 C   Dm7 G7
Soon you'll see a golden stream of light.

GUITAR CHORD SONGBOOK

Bridge

Bb   C7   Fsus4 F
A cold and friendless tide has found you,

Bb   C7   F   Gm7 F
Don't let the stormy darkness pull you down.

Am7   D7   G
I'll paint a ray of hope a-round you,

F   Em F   Bb6   G7
Circling the air, lighted by a prayer.

Verse 3

C   Dm G7   F   G
I'll be your candle on the water,

C   Am   F   Bb
This flame in-side of me will grow.

G   E   Am   C7
Keep holding on, you'll make it,

F   C
Here's my hand, so take it,

F   G7   C7
Look for me reaching out to show

F   Fm   C   F#m7b5
As sure as rivers flow.

F6   G7   C G
I'll never let you go,

F   G7   C G
I'll never let you go,

F   G7   C   F C G C
I'll never let you go.

The Candy Man

from WILLY WONKA AND THE CHOCOLATE FACTORY

Words and Music by Leslie Bricusse and Anthony Newley

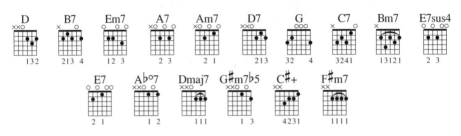

D		**B7**
Verse 1		Who can take a sunrise,

Verse 1

  D   **B7**
Who can take a sunrise,

Em7   **A7**   **Am7** **D7**
Sprinkle it with dew,

G   **C7**   **D**   **Bm7**
Cover it in choc'late and a miracle or two?

Chorus 1

  E7sus4   **E7** **Em7** **D**   **Em7** **D** **Bm7**
The candy man,   the candy man can.

E7sus4   **E7**   **Em7**
The candy man can 'cause he mixes it with love

          D   **Em7**   **D** **Em7**
And makes the world taste good.

Verse 2

  D   **B7**
Who can take a rainbow

Em7   **A7**   **Am7** **D7**
Wrap it in a sigh,

G   **C7**   **D**   **Bm7**
Soak it in the sun and make a strawb'ry lemon pie?

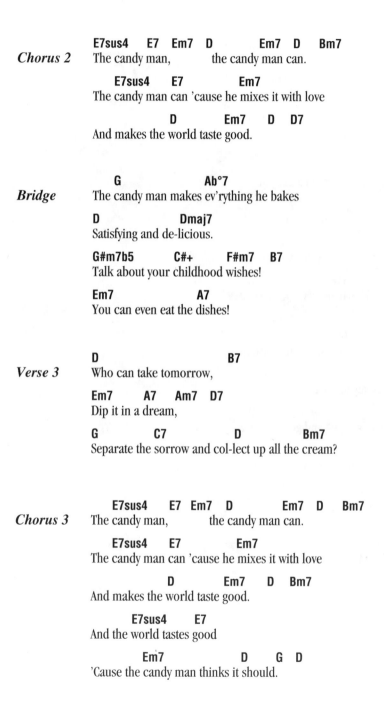

Chorus 2

     E7sus4   E7   Em7 D   Em7 D   Bm7
The candy man,   the candy man can.

         E7sus4   E7   Em7
The candy man can 'cause he mixes it with love

                  D   Em7   D   D7
And makes the world taste good.

Bridge

         G   Ab°7
The candy man makes ev'rything he bakes

     D   Dmaj7
Satisfying and de-licious.

     G#m7b5   C#+   F#m7   B7
Talk about your childhood wishes!

     Em7   A7
You can even eat the dishes!

Verse 3

     D   B7
Who can take tomorrow,

     Em7   A7   Am7   D7
Dip it in a dream,

     G   C7   D   Bm7
Separate the sorrow and col-lect up all the cream?

Chorus 3

         E7sus4   E7 Em7   D   Em7 D   Bm7
The candy man,   the candy man can.

         E7sus4   E7   Em7
The candy man can 'cause he mixes it with love

                  D   Em7   D   Bm7
And makes the world taste good.

         E7sus4   E7
And the world tastes good

          Em7   D   G   D
'Cause the candy man thinks it should.

(Oh, My Darling) Clementine

Words and Music by Percy Montrose

Verse 1

     C
In the cavern, in a canyon,

          G7
Excavating for a mine,

         C
Dwelt a miner, forty-niner,

    G7   **C**
And his daughter, Clemen-tine.

Chorus 1

        C
Oh my darling, oh my darling,

           G7
Oh my darling Clemen-tine.

           C
You are lost and gone for-ever,

    G7   **C**
Dreadful sorry, Clemen-tine.

Verse 2

        C
Light she was, and like a fairy,

              G7
And her shoes were number nine.

           C
Herring boxes without topses,

    G7   **C**
Sandals were for Clemen-tine.

Chorus 2   **Repeat Chorus 1**

                  C
Verse 3   Drove she ducklings to the water

                      G7
        Ev'ry morning just at nine.

                  C
        Hit her foot against a splinter,

        G7   C
        Fell in-to the foaming brine.

Chorus 3   **Repeat Chorus 1**

                  C
Verse 4   Ruby lips above the water,

                      G7
        Blowing bubbles soft and fine.

                  C
        Alas for me! I was no swimmer,

        G7   C
        So I lost my Clemen-tine.

Chorus 4   **Repeat Chorus 1**

                  C
Verse 5   There's a churchyard on the hillside

                      G7
        Where the flowers grow and twine,

                     C
        There grow roses 'mongst the posies

        G7   C
        Ferti-lized by Clemen-tine.

Chorus 5   **Repeat Chorus 1**

Do-Re-Mi
from THE SOUND OF MUSIC

Lyrics by Oscar Hammerstein II
Music by Richard Rodgers

Intro

      G
Let's start at the very beginning,

A very good place to start.

    G7   **C**
When you read you begin with A, B, C,

    G7   **C G7 C G7 C**
When you sing you be-gin with do - re - mi.

    G7 C
Do - re - mi?

    G7 C
Do - re - mi.

    G7   **C**   **G7 C**   **G7 C**
The first three notes just happen to be do - re - mi!

    G7 C
Do - re - mi!

        G7   **N.C.**
Do - re - mi - fa - so - la - ti...

All right, I'll make it easier. Listen:

Verse

C
Doe, a deer, a female deer,

G7
Ray, a drop of golden sun.

C
Me, a name I call myself,

F
Far, a long, long way to run.

C   C7   F
Sew, a needle pulling thread,

D7   G
La, a note to follow sew.

E7   Am C7
Tea, a drink with jam and bread,

        F   Dm7 G7   C   G7
That will bring us___ back to do-oh-oh-oh!

C
   A deer, a female deer, Do!

G7
   A drop of golden sun, Re!

C
   A name I call myself, Mi!

F
   A long, long way to run, Fa!

C   C7   F
So! A needle pulling thread,

D7   **G**
La! A note to follow so!

E7   **Am** **C7**
Ti! A drink with jam and bread,

          F   **Dm7** **G7**
That will bring us__ back to

C
Doe, a deer, a female deer,

G7
Ray, a drop of golden sun.

C
Me, a name I call myself,

F
Far, a long, long way to run.

C   **C7**   **F**
Sew, a needle pulling thread,

D7   **G**
La, a note to follow sew.

E7   **Am** **C7**
Tea, a drink with jam and bread,

          F   **Dm7** **G7**   **C**   **C7**
That will bring us__ back to do!

F   **Dm7**   **G7**   **C**
  Do - re - mi - fa - so - la - ti - do!

Down by the Station

Traditional

G   D7

Verse

       G   D7   G
Down by the station early in the morning,

                                   D7   G
See the little pufferbillies all in a row.

                           D7   G
See the engine driver pull the little handle.

                          D7   G
Choo! Choo! Toot! Toot! Off they go!

Edelweiss
from THE SOUND OF MUSIC

Lyrics by Oscar Hammerstein II
Music by Richard Rodgers

Melody:

E - del - weiss,

Verse

   C   G7 C   F
Edel-weiss, edel-weiss,

   C   Am7   Dm G7
Ev'ry morning you greet me.

   C   G7   C   F
Small and white, clean and bright.

   C   G7   C
You look happy to meet me.

Bridge

   G7
Blossom of snow,

        C
May you bloom and grow,

   F   D7   G G7
Bloom and grow for - ev - er.

Outro

   C Gm6 F   Fm
Edel-weiss, edel-weiss,

   C   G7   C
Bless my homeland for-ever.

Eensy Weensy Spider

Traditional

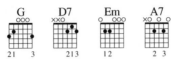

Verse

       G   **D7**   **G**
The eensy, weensy spider went up the water spout.

               D7   **G**
Down came the rain and washed the spider out.

             D7   **G**
Out came the sun and dried up all the rain,

              Em   **A7** **D7** **G**
And the eensy, weensy spider went up the spout a-gain.

The Farmer in the Dell

Traditional

Verse 1

    G
The farmer in the dell,

The farmer in the dell,

Heigh-ho, the derry-o!

    D7   **G**
The farmer in the dell.

Verse 2

    G
The farmer takes a wife,

The farmer takes a wife,

Heigh-ho, the derry-o!

    D7   **G**
The farmer takes a wife.

Verse 3

    G
The wife takes the child,

The wife takes the child,

Heigh-ho, the derry-o!

    D7   **G**
The wife takes the child.

Verse 4

G
The child takes the nurse,

The child takes the nurse,

Heigh-ho, the derry-o!
D7   G
The child takes the nurse.

Verse 5

G
The nurse takes the dog,

The nurse takes the dog,

Heigh-ho, the derry-o!
D7   G
The nurse takes the dog.

Verse 6

G
The dog takes the cat,

The dog takes the cat,

Heigh-ho, the derry-o!
D7   G
The dog takes the cat.

Verse 7

    G
The cat takes the rat,

The cat takes the rat,

Heigh-ho, the derry-o!
    D7   **G**
The cat takes the rat.

Verse 8

    G
The rat takes the cheese,

The rat takes the cheese,

Heigh-ho, the derry-o!
    D7   **G**
The rat takes the cheese.

Verse 9

    G
The cheese stands alone,

The cheese stands alone,

Heigh-ho, the derry-o!
    D7   **G**
The cheese stands a-lone.

For He's a Jolly Good Fellow

Traditional

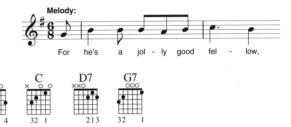

Verse

       G   **C G**
For he's a jolly good fel-low,

      D7   **G**
For he's a jolly good fellow,

       G7   **C**
For he's a jolly good fellow,

       G   **D7**   **G**
Which nobody can de-ny.

          C   **G**
Which nobody can de-ny,

          C   **G**
Which nobody can de-ny.

     G   **C G**
For he's a jolly good fel-low,

     D7   **G**
For he's a jolly good fellow,

      G7   **C**
For he's a jolly good fellow,

     G   **D7**   **G**
Which nobody can de-ny.

Frère Jacques (Are You Sleeping?)

Traditional

Verse

  G D7 G   D7 G
Are you sleeping, are you sleeping?

   D7 G   D7 G
Broth-er John, Broth-er John?

    D7   G   D7   G
Morning bells are ringing; morning bells are ringing,

   D7 G   D7 G
Ding, dang, dong! Ding, dang, dong!

French Lyrics
Frère Jacques, Frère Jacques,
Dormez vous? Dormez vous?
Sonnez les matines, sonnez les matines:
Ding, din, don! Ding, din, don!

Happy Trails

from the Television Series THE ROY ROGERS SHOW

Words and Music by Dale Evans

Hap-py   trails   to   you,

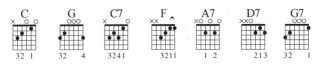

Verse

C
Happy trails to you,

G
Until we meet a-gain.

Happy trails to you,

C
Keep smilin' until then.

C7   **F**
Who cares about the clouds when we're to-gether?

A7   **D7**   **G7**
Just sing a song and bring the sunny weath-er.

C   **A7**
Happy trails to you,

D7 **G7** **C**
'Til we meet a - gain.

Getting to Know You

from THE KING AND I

Lyrics by Oscar Hammerstein II
Music by Richard Rodgers

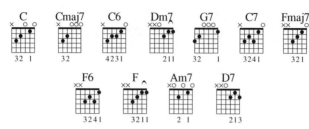

Chorus

          C   Cmaj7
Getting to know you,

C6   C   Dm7 G7 Dm7 G7
Getting to know all a-bout you.

          Dm7 G
Getting to like you,

Dm7   G7   C
Getting to hope you like me.

G7   C   Cmaj7
Getting to know you,

C6   C7   Fmaj7 F6 F
Putting it my way, but nice - ly.

          Am7 D7   Dm7 G7
You are pre-cisely   my cup of tea!

          C   Cmaj7
Getting to know you,

C6   **Cmaj7** **Dm7 G7** **Dm7**
Getting to feel free and eas - y.

G7   **Dm7 G7**
  When I am with you,

Dm7   **G7**   **C7**
Getting to know what to say.

            Fmaj7 F6
Haven't you no - ticed?

Dm7   **G7**   **Cmaj7** **C7**
Suddenly I'm bright and breez - y,

F   **C**   **Dm7**   **G7**
  Because of all the beautiful and new

C6   **Am7**   **D7**
Things I'm learning about you

Dm7 G7 C
Day by day.

Heigh-Ho

Words by Larry Morey
Music by Frank Churchill

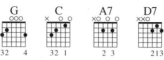

Verse 1

    G   **C**
"Heigh-ho, heigh-ho,"

  A7   **D7**
To make your troubles go,

    C   **G**   **C**
Just keep on singing all day long,

     G   **D7**
"Heigh-ho, heigh-ho, heigh-ho.

     G   **C**
Heigh-ho, heigh-ho,"

  A7   **D7**
For if you're feeling low,

    C   **G**   **C**
You posi-tively can't go wrong

    G   **D7**   **G**
With a "Heigh,   heigh-ho."

Verse 2
                G   **C**
"Heigh-ho, heigh-ho,"

     A7   **D7**
It's home from work we go,

     C   **G**   **C**
Whistle melody...

             G   **D7**
"Heigh-ho, heigh-ho, heigh-ho.

             G   **C**
Heigh-ho, heigh-ho,"

     A7   **D7**
All seven in a row,

     C   **G**   **C**
Whistle melody...

            G   **D7**   **G**
With a "Heigh,   heigh-ho."

The Hokey Pokey

Words and Music by Charles P. Macak,
Tafft Baker and Larry LaPrise

Verse 1

        A
You put your right foot in,

You put your right foot out,

You put your right foot in,

      E7
And you shake it all about.

Chorus 1   You do the Hokey Pokey

And you turn yourself around.

       A
That's what it's all a-bout.

You do the Hokey Pokey.

       E7
You do the Hokey Pokey.

You do the Hokey Pokey.

       A
That's what it's all a-bout.

Verse 2
            A
You put your left foot in,

You put your left foot out,

You put your left foot in,
            E7
And you shake it all about.

Chorus 2   *Repeat Chorus 1*

Verse 3
            A
You put your right arm in,

You put your right arm out,

You put your right arm in,
            E7
And you shake it all about.

Chorus 3   *Repeat Chorus 1*

Verse 4
            A
You put your left arm in,

You put your left arm out,

You put your left arm in,
            E7
And you shake it all about.

Chorus 4   *Repeat Chorus 1*

Verse 5

             A
You put your right elbow in,

You put your right elbow out,

You put your right elbow in,

         E7
And you shake it all about.

Chorus 5   ***Repeat Chorus 1***

Verse 6

             A
You put your left elbow in,

You put your left elbow out,

You put your left elbow in,

         E7
And you shake it all about.

Chorus 6   ***Repeat Chorus 1***

Verse 7

             A
You put your head in,

You put your head out,

You put your head in,

         E7
And you shake it all about.

Chorus 7   ***Repeat Chorus 1***

Verse 8   **A**
            You put your right hip in,

            You put your right hip out,

            You put your right hip in,
                       E7
            And you shake it all about.

Chorus 8   **Repeat Chorus 1**

Verse 9   **A**
            You put your left hip in,

            You put your left hip out,

            You put your left hip in,
                       E7
            And you shake it all about.

Chorus 9   **Repeat Chorus 1**

Verse 10   **A**
            You put your whole self in,

            You put your whole self out,

            You put your whole self in,
                       E7
            And you shake it all about.

Chorus 10 **Repeat Chorus 1**

Home on the Range

Lyrics by Dr. Brewster Higley
Music by Dan Kelly

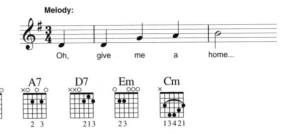

Verse 1

         G   **C**
Oh, give me a home where the buffalo roam,

             G   **A7**   **D7**
Where the deer and the antelope play,

         G   **C**
Where seldom is heard a dis-couraging word,

         G   **D7**   **G**
And the skies are not cloudy all day.

Chorus 1

       G   **D7**   **G**
Home, home on the range,

               Em   **A7**   **D7**
Where the deer and the antelope play.

         G   **C**   **Cm**
Where seldom is heard a dis-couraging word,

         G   **D7**   **G**
And the skies are not cloudy all day.

Verse 2
<pre>
                G   C
       How often at night when the heavens are bright

               G   A7   D7
       With the light from the glittering stars,

          G   C
       Have I stood there amazed and asked as I gazed,

          G   D7   G
       If their glory ex-ceeds that of ours.
</pre>

Chorus 2   ***Repeat Chorus 1***

Verse 3
<pre>
               G   C
       Where the air is so pure, the zephyrs so free,

         G   A7   D7
       The breezes so balmy and light.

          G   C
       That I would not exchange my home on the range

         G   D7   G
       For all of the cities so bright.
</pre>

Chorus 3   ***Repeat Chorus 1***

Verse 4
<pre>
          G   C
       Oh, I love those wild flow'rs in this dear land of ours.

          G   A7   D7
       The curlew, I love to hear scream.

          G   C
       And I love the white rocks and the antelope flocks,

          G   D7   G
       That graze on the mountaintops green.
</pre>

Chorus 4   ***Repeat Chorus 1***

I Whistle a Happy Tune
from THE KING AND I

Lyrics by Oscar Hammerstein II
Music by Richard Rodgers

Melody:

When - ev - er I feel a - fraid,

C

Cmaj7

C7

F

G7

Ab

G

Gm6

D9

Verse 1

     C   Cmaj7
When-ever I feel a-fraid,

C7 F
 I hold my head erect

     G7
And whistle a happy tune,

    C   G7   C
So no one will suspect I'm a-fraid.

Verse 2

     C   Cmaj7
While shivering in my shoes,

C7 F
 I strike a careless pose

     G7
And whistle a happy tune

     C   G7   C
And no one ever knows I'm a-fraid.

Bridge

       Ab
The re-sult of this deception

C
Is very strange to tell,

  G   **Gm6**
For when I fool the people I fear,

D9   **G7**
I fool myself as well!

Outro

  C   **Cmaj7**
I whistle a happy tune

C7 **F**
And ev'ry single time

  G7
The happiness in the tune

    C   **G7** **C**
Con-vinces me that I'm not a-fraid.

I'm Popeye the Sailor Man

Theme from the Paramount Cartoon POPEYE THE SAILOR

Words and Music by Sammy Lerner

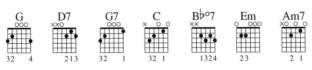

Verse 1

> G   D7 G G7
> I'm Popeye the sailor man,
>
> C   G
> I'm Popeye the sailor man.
>
> C   Bb°7
> I'm strong to the "finich"
>
> G   Em
> 'Cause I eats me spinach,
>
> D7   G
> I'm Popeye the sailor man.

Verse 2

> G   D7 G G7
> He's Popeye the sailor man,
>
> C   G
> He's Popeye the sailor man.
>
> C   Bb°7
> He's strong to the "finich"
>
> G   Em
> 'Cause he eats his spinach,
>
> D7   G
> He's Popeye the sailor man.

	Am7 D7 G Em
Bridge	I'm one tough ga-zookus which hates all pa-lookas.

Am7   D7   G
Wot ain't the up and square,   `

Am7   D7   G   Em
I biffs 'em and buffs 'em an' always out-roughs 'em

Am   D7   G
An' none of 'em gits no-where.

C   D7   G
If anyone dasses to risk my fisk,

G7   C
It's boff an' it's wham, un'er-stan'?

Am   D7   G   Em
So keep good be-havior, that's your one life-saver

Am7   D7   G
With Popeye the sailor man.

Verse 3   ***Repeat Verse 1***

Verse 4   ***Repeat Verse 2***

I've Been Working on the Railroad

American Folksong

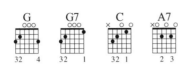

Verse

G   **G7**
I've been working on the rail-road,

C   **G**
All the live-long day;

I've been working on the railroad,

        A7   **D7**
Just to pass the time a-way.

                          G
Can't you hear the whistle blowin'?

C   **B7**
Rise up so early in the morn.

C   **G**
Can't you hear the captain shoutin'?

                     D7 G
"Dinah, won't you blow your horn!"

Dinah, won't you blow,

C   **A7**
Dinah, won't you blow,

D7   **G   D7 G**
Dinah, won't you blow your horn?_____

Dinah, won't you blow,

C   **A7**
Dinah, won't you blow,

D7   **G**
Dinah, won't you blow your horn?

Someone's in the kitchen with Dinah,

                       D7
Someone's in the kitchen I know,

G   **C**   **C#°7**
Someone's in the kitchen with Di - nah,

G   **D7**   **G**
Strummin' on the old ban-jo

D7   **G**
And singin', "Fee, fi, fiddle-ee-i-o,

                  D7
Fee, fi, fiddle-ee-i-o,

G   **C**   **C#°7**
Fee, fi, fiddle-ee-i-o,"

G   **D7**   **G**
Strummin' on the old ban-jo.

If You're Happy and You Know It

Words and Music by L. Smith

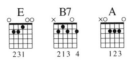

Verse 1

       E
If you're happy and you know it,

       B7
Clap your hands.

If you're happy and you know it,

       E
Clap your hands.

       A
If you're happy and you know it,

       E
Then your face will surely show it.

       B7
If you're happy and you know it,

       E
Clap your hands.

Verse 2

    E
If you're happy and you know it,

    B7
Stamp your foot.

If you're happy and you know it,

    E
Stamp your foot.

    A
If you're happy and you know it,

    E
Then your face will surely show it.

    B7
If you're happy and you know it,

    E
Stamp your foot.

Verse 3

    E
If you're happy and you know it,

    B7
Nod your head.

If you're happy and you know it,

    E
Nod your head.

    A
If you're happy and you know it,

    E
Then your face will surely show it.

    B7
If you're happy and you know it,

    E
Nod your head.

Verse 4
         E
If you're happy and you know it,

     B7
Turn a-round.

If you're happy and you know it,

     E
Turn a-round.

     A
If you're happy and you know it,

       E
Then your face will surely show it.

    B7
If you're happy and you know it,

    E
Turn a-round.

Verse 5
       E
If you're happy and you know it,

      B7
Touch your nose.

If you're happy and you know it,

      E
Touch your nose.

    A
If you're happy and you know it,

      E
Then your face will surely show it.

   B7
If you're happy and you know it,

      E
Touch your nose.

It's a Small World
from Disneyland and Walt Disney World's IT'S A SMALL WORLD

Words and Music by Richard M. Sherman
and Robert B. Sherman

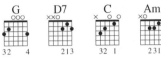

G	D7	C	Am

                      G   **D7**

Verse   It's a world of laughter, a world of tears.

                                G

It's a world of hopes and a world of fears.

There's so much that we share

               C   **Am**

That it's time we're a-ware.

     D7   **G**

It's a small world after all.

                D7

It's a small world after all.

               G

It's a small world after all.

             C   **Am**

It's a small world after all.

   D7   **G**

It's a small, small world.

                            D7

There is just one moon and one golden sun,

                      G

And a smile means friendship to ev'ryone.

                          C   **Am**

Though the mountains divide and the oceans are wide,

   D7   **G**

It's a small world after all.

It's Raining, It's Pouring

Traditional

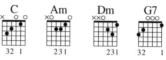

Verse

    C   Am   C   Am
It's rain-ing, it's pour-ing,

    C   Am   C   Am
The old man is snor-ing.

    Dm   G7   Dm   G7
He went to bed and he bumped his head

                      C
And he could not get up in the morning.

Jiminy Cricket

Words by Ned Washington
Music by Leigh Harline

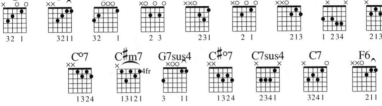

Intro

C
Pardon me,

F   G7   C   A7   Dm   G7
May I pre-sent a little chap that no one sent,

    C Am
Yours truly.

     F   G7   C Am D7 G+7
They tell me I'm quite un-ruly.

C   F   G7
On the hearth or in the hedge,

C   A7   D7   B7
Or maybe on your window ledge,

   E6
You'll find me.

       C#°7   C#m7 G7sus4 G7
I hope you won't mind me_____ sing - ing.

Chorus 1

C

Jiminy Cricket is the name,

      G7   C#°7 G7

I'm a happy-go-lucky fellow.

C°7   G7   C#°7   G7   C#°7

    Always getting in wrong for singing my song,

   G7   G+7   C

A merry old soul am I.

Jiminy Cricket is the name,

      G7   C#°7 G7

Got a melody, oh, so mellow.

C°7   G7   C#°7 G7   C#°7

   I can beedle-ee-ay and budle-ee-ay,

   G7   C

And yodel away up high.

 C7sus4   C7

I think I'm great but some folks hate

   F   F6

The funny little noise I make.

   D7

To-night I'll try a brand new break,

   G7

So sorry if you're kept awake.

   C

Yes, Jiminy Cricket is to blame,

     G7   C#°7   G7

I'll be hangin' a-round this evening.

C°7   G7   C#°7   G7   C#°7

   I'll be tippin' my hat, and tellin' you that

G7   C   G+7

Jiminy Cricket is the name.

Chorus 2

C
Jiminy Cricket is the name,

     G7   **C#°7 G7**
I'm a happy-go-lucky fellow.

C°7   **G7**   **C#°7**   **G7**   **C#°7**
     Always getting in wrong for singing my song,

     G7   **G+7**   **C**
A merry old soul am I.

Jiminy Cricket is the name,

     G7   **C#°7 G7**
Got a melody, oh, so mellow.

C°7   **G7**   **C#°7 G7**   **C#°7**
     I can beedle-ee-ay and budle-ee-ay,

     G7   **C**
And yodel away up high.

     C7sus4   **C7**
I think I'm great but some folks hate

     F   **F6**
The funny little noise I make.

     D7
To-night I'll try a brand new break,

     G7
So sorry if you're kept awake.

     C
Yes, Jiminy Cricket is to blame,

     G7   **C#°7**   **G7**
I'll be hangin' a-round this evening.

C°7   **G7**   **C#°7**   **G7**   **C#°7**
     I'll be tippin' my hat, and tellin' you that

G7   **C**
Jiminy Cricket is the name.

Jesus Loves Me

Words by Anna B. Warner
Music by William B. Bradbury

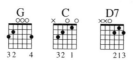

Verse 1

   G
Jesus loves me; this I know,

   C   **G**
For the Bible tells me so;

Little ones to Him belong,

   C   **G**   **D7** **G**
They are weak, but He is strong.

Chorus 1

   G   **C**
Yes, Jesus loves me!

   G   **D7**
Yes, Jesus loves me!

   G   **C**
Yes, Jesus loves me!

     G **D7** **G**
The Bible tells me so.

Verse 2
   G
Jesus take this heart of mine,

   C   **G**
Make it pure and wholly Thine.

Thou hast bled and died for me,

   C **G**   **D7**   **G**
I will henceforth live for Thee.

Chorus 2   ***Repeat Chorus 1***

Verse 3
   G
Jesus loves me; He who died,

   C   **G**
Heaven's gate to open wide.

He will wash away my sin,

   C   **G** **D7**   **G**
Let His little child come in.

Chorus 3   ***Repeat Chorus 1***

John Jacob Jingleheimer Schmidt

Traditional

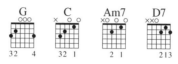

Verse 1

    G   **C**
John Jacob Jingleheimer Schmidt,

Am7   **D7**   **G**
His name is my name too.

                  C
Whenever we go out the people always shout,

D7   **G N.C.**
"John Jacob Jingleheimer Schmidt."

Dah, dah, dah, dah, dah, dah, dah.

Verse 2

    G   **C**
John Jacob Jingleheimer Schmidt,

Am7   **D7**   **G**
His name is my name too.

                  C
Whenever we go out the people always shout,

D7   **G N.C.**
"John Jacob Jingleheimer Schmidt."

                  G
Dah, dah, dah, dah, dah, dah, dah.

The Marvelous Toy

Words and Music by Tom Paxton

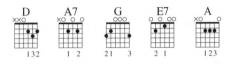

Verse 1

     D   **A7**
When I was just a wee little lad,

D   **A7**
Full of health and joy,

   G   **D**
My father homeward came one night

   E7   **A**
And gave to me a toy.

   D   **A7**
A wonder to be-hold it was,

     D   **G**
With many colors bright,

           D
And the moment I laid eyes on it,

   E7   **A**
It be-came my heart's de-light.

Chorus 1

       D
It went "zip" when it moved,

   A7
And "bop" when it stopped,

   D7   **G**
And "whirr" when it stood still.

      D
I never knew just what it was

   A7   **D** **A7**
And I guess I never will.

Verse 2
```
         D              A7
The first time that I picked it up,

    D          A7
I had a big sur-prise,

    G                      D
For right on its bottom were two big buttons

        E7                 A
That looked like big green eyes.

    D              A7
I first pushed one and then the other,

        D         G
And then I twisted its lid,

                 D
And when I set it down again,

E7          A
Here is what it did:
```

Chorus 2   ***Repeat Chorus 1***

Verse 3
```
         D                  A7
It first marched left and then marched right

        D                  A7
And then marched under a chair,

        G              D
And when I looked where it had gone,

    E7         A
It wasn't even there!

    D                  A7
I started to sob and my daddy laughed,

        D             G
For he knew that I would find

                         D
When I turned around my marvelous toy,

E7              A
Chugging from be-hind.
```

Chorus 3   ***Repeat Chorus 1***

                   D   **A7**
Verse 4   Well, the years have gone by too quickly, it seems,

                 D   **A7**
     And I have my own little boy.

                 G   **D**
     And yesterday I gave to him

               E7   **A**
     My marvelous little toy.

                 D   **A7**
     His eyes nearly popped right out of his head,

                  D   **G**
     And he gave a squeal of glee.

                             D
     Neither one of us knows just what it is,

               E7   **A**
     But he loves it, just like me.

                 D
Chorus 4   It still goes "zip" when it moves,

               A7
     And "bop" when it stops,

               D7   **G**
     And "whirr" when it stands still.

                    D
     I never knew just what it was

               A7   **D**
     And I guess I never will.

Kum Ba Yah

Traditional Spiritual

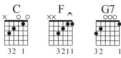

Verse 1

          C   F   C
Kum ba yah, my Lord, Kum ba yah.

                 F   G7
Kum ba yah, my Lord, Kum ba yah.

          C   F   C
Kum ba yah, my Lord, Kum ba yah.

F C   G7   C
Oh, Lord, Kum ba yah.

Verse 2

          C   F   C
Someone's prayin', Lord, Kum ba yah.

                 F   G7
Someone's prayin', Lord, Kum ba yah.

          C   F   G7
Someone's prayin', Lord, Kum ba yah.

F C   G7   C
Oh, Lord, Kum ba yah.

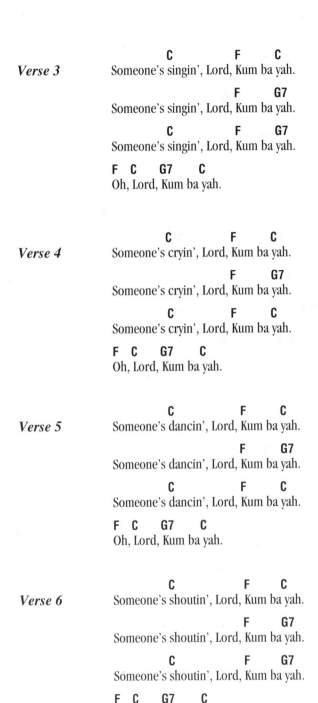

Verse 3

      C   F   C
Someone's singin', Lord, Kum ba yah.

             F   G7
Someone's singin', Lord, Kum ba yah.

      C   F   G7
Someone's singin', Lord, Kum ba yah.

F C G7   C
Oh, Lord, Kum ba yah.

Verse 4

      C   F   C
Someone's cryin', Lord, Kum ba yah.

          F   G7
Someone's cryin', Lord, Kum ba yah.

     C   F   C
Someone's cryin', Lord, Kum ba yah.

F C G7   C
Oh, Lord, Kum ba yah.

Verse 5

     C   F   C
Someone's dancin', Lord, Kum ba yah.

         F   G7
Someone's dancin', Lord, Kum ba yah.

    C   F   C
Someone's dancin', Lord, Kum ba yah.

F C G7   C
Oh, Lord, Kum ba yah.

Verse 6

    C   F   C
Someone's shoutin', Lord, Kum ba yah.

         F   G7
Someone's shoutin', Lord, Kum ba yah.

    C   F   G7
Someone's shoutin', Lord, Kum ba yah.

F C G7   C
Oh, Lord, Kum ba yah.

Mary Had a Little Lamb

Words by Sarah Josepha Hale
Traditional Music

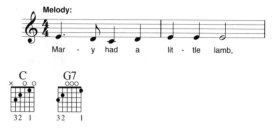

Mar - y had a lit - tle lamb,

Verse 1

  C
Mary had a little lamb,

G7   **C**
Little lamb, little lamb,

Mary had a little lamb,

  G7   **C**
Its fleece was white as snow.

Verse 2

  C
And ev'rywhere that Mary went,

G7   **C**
Mary went, Mary went,

Ev'rywhere that Mary went

  G7   **C**
The lamb was sure to go.

GUITAR CHORD SONGBOOK

Verse 3
       C
He followed her to school one day,

G7   C
School one day, school one day,

He followed her to school one day,

     G7   C
Which was against the rule.

Verse 4
       C
It made the children laugh and play,

G7   C
Laugh and play, laugh and play.

It made the children laugh and play

     G7   C
To see a lamb at school.

Michael Row the Boat Ashore

Traditional Folksong

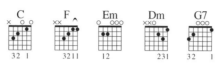

C   F   Em   Dm   G7

Verse 1

                C   F C
Michael, row the boat ashore, Halle-lu-jah.

          Em   Dm   C G7 C
Michael, row the boat a-shore, Halle-lu - jah.

             C   F C
Sister, help to trim the sail, Halle-lu-jah.

         Em   Dm   C G7 C
Sister, help to trim the sail, Halle-lu - jah.

Verse 2

                C   F C
Michael, row the boat ashore, Halle-lu-jah.

          Em   Dm   C G7 C
Michael, row the boat a-shore, Halle-lu - jah.

             C   F C
Jordan River is chilly and cold, Halle-lu-jah.

         Em   Dm   C G7 C
Kills the body but not the soul, Halle-lu - jah.

Verse 3

                C   F C
Michael, row the boat ashore, Halle-lu-jah.

          Em   Dm   C G7 C
Michael, row the boat a-shore, Halle-lu - jah.

             C   F C
Jordan River is deep and wide, Halle-lu-jah.

         Em   Dm   C G7 C
Milk and honey on the other side, Halle-lu - jah.

The Muffin Man

Traditional

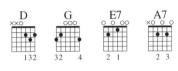

Verse 1

D
Do you know the muffin man,

G E7 A7
The muffin man, the muffin man?

D
Do you know the muffin man

G A7 D
Who lives in Drury Lane?

Verse 2

D
Yes, we know the muffin man,

G E7 A7
The muffin man, the muffin man.

D
Yes, we know the muffin man

G A7 D
Who lives in Drury Lane.

Mickey Mouse March
from Walt Disney's THE MICKEY MOUSE CLUB

Words and Music by Jimmie Dodd

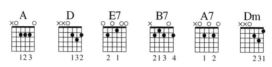

A	D	E7	B7	A7	Dm
123	132	2 1	213 4	1 2	231

Intro
> **A   D   E7   A   D   E7**
> Mickey Mouse Club! Mickey Mouse Club!

Verse 1
> **A**
> Who's the leader of the club
>
> **B7   E7**
> That's made for you and me?
>
> **A   A7   D   Dm**
> M - I - C - K - E - Y
>
> **A   E7   A**
> M - O - U - S - E!

Verse 2
> **A**
> Hey, there! Hi, there! Ho, there!
>
> **B7   E7**
> You're as welcome as can be!
>
> **A   A7   D   Dm**
> M - I - C - K - E - Y
>
> **A   E7   A**
> M - O - U - S - E!

Bridge

        D   **A**
Mickey Mouse! Mickey Mouse!

  B7   **E7**
For-ever let us hold our banner high!

(High! High! High!)

Verse 3

  A
Come along and sing a song

    B7   **E7**
And join the jambo-ree!

A   **A7** **D**   **Dm**
M - I - C - K - E - Y

A   **E7**   **A**
M - O - U - S - E!

The Mulberry Bush

Traditional

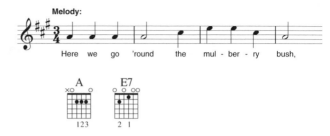

Verse 1

> **A**
> Here we go 'round the mulberry bush,
>
> **E7**
> The mulberry bush, the mulberry bush.
>
> **A**
> Here we go 'round the mulberry bush
>
> **E7**   **A**
> So early in the morning.

Verse 2

> **A**
> This is the way we wash our clothes,
>
> **E7**
> We wash our clothes, we wash our clothes.
>
> **A**
> This is the way we wash our clothes
>
> **E7**   **A**
> So early Monday morning.

Verse 3

A
This is the way we iron our clothes,

E7
We iron our clothes, we iron our clothes.

A
This is the way we iron our clothes

E7   **A**
So early Tuesday morning.

Verse 4

A
This is the way we scrub the floor,

E7
We scrub the floor, we scrub the floor.

A
This is the way we scrub the floor

E7   **A**
So early Wednesday morning.

Verse 5

A
This is the way we mend our clothes,

E7
We mend our clothes, we mend our clothes.

A
This is the way we mend our clothes

E7   **A**
So early Thursday morning.

Verse 6

    A
This is the way we sweep the house,

      E7
We sweep the house, we sweep the house.

    A
This is the way we sweep the house

      E7   A
So early Friday morning.

Verse 7

    A
This is the way we bake our bread,

      E7
We bake our bread, we bake our bread.

    A
This is the way we bake our bread

      E7   A
So early Saturday morning.

Verse 8

    A
This is the way we got to church,

      E7
We got to church, we got to church.

    A
This is the way we got to church

      E7   A
So early Sunday morning.

My Bonnie Lies Over the Ocean

Traditional

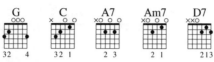

Verse

     G   **C**   **G**
My Bonnie lies over the ocean,

              A7   **Am7 D7**
My Bonnie lies over the sea.

     G   **C**   **G**
My Bonnie lies over the ocean,

     A7   **D7**   **G D7**
Oh, bring back my Bonnie to me.

G   **C**   **A7**
Bring back, bring back,

   D7   **G**
Oh, bring back my Bonnie to me, to me,

       C   **A7**
Bring back, bring back,

 D7   **G**
Oh, bring back my Bonnie to me.

My Favorite Things
from THE SOUND OF MUSIC

Lyrics by Oscar Hammerstein II
Music by Richard Rodgers

Melody:

Rain - drops on ros - es and...

Am   F   Dm   G   C   E7   E7♭9   D7

Verse 1

Am
Raindrops on roses and whiskers on kittens,

F
Bright copper kettles and warm woolen mittens,

Dm   **G**   **C**   **F**
Brown paper packages tied up with strings,

C   **F**   **Dm**   **E7**
These are a few of my favorite things.

Verse 2

Am
Cream-colored ponies and crisp apple strudels,

F
Doorbells and sleigh bells and schnitzel with noodles,

Dm   **G**   **C**   **F**
Wild geese that fly with the moon on their wings,

C   **F**   **Dm**   **E7**
These are a few of my favorite things.

Outro

Am   **E7**
When the dog bites,   when the bee stings,

Am   **F**
When I'm feeling sad,

          D7
I simply remember my favorite things

     C   **F** **G** **C**   **F**   **C**
And then I don't feel so bad.

Oh Where, Oh Where
Has My Little Dog Gone

Words by Sep. Winner
Traditional Melody

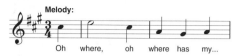

Verse 1

A   E7
Oh where, oh where has my little dog gone?

              A
Oh where, oh where can he be?

                      E7
With his ears so short and his tail so long.

              A
Oh where, oh where can he be?

Verse 2

A   E7
Oh where, oh where has my little dog gone?

                 A
Oh where, oh where can he be?

                 E7
If you see him anywhere, won't you please

            A
Bring back my doggie to me?

Oh! Susanna

Words and Music by Stephen C. Foster

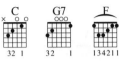

Verse 1

C
I come from Alabama with

G7
A banjo on my knee.

C
I'm goin' to Lou'siana

G7   C
My Susanna for to see.

Verse 2

C
It rained all night the day I left,

G7
The weather it was dry.

C
The sun so hot I froze to death,

G7   C
Susanna don't you cry.

Chorus 1
      F
Oh! Susanna,

      C   **G7**
Oh, don't you cry for me,

      C
For I come from Alabama with

      G7   **C**
A banjo on my knee.

Verse 3
      C
I had a dream the other night

              G7
When everything was still.

      C
I thought I saw Susanna

      G7   **C**
A coming down the hill.

Verse 4
      C
The buckwheat cake was in her mouth,

             G7
The tear was in her eye,

      C
Say I, "I'm coming from the South,

      G7   **C**
Susanna, don't you cry."

Chorus 2   **Repeat Chorus 1**

The Old Gray Mare

Words and Music by J. Warner

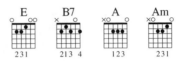

E   B7   A   Am

Verse 1

         E
Oh, the old gray mare,

She ain't what she used to be,

B7
Ain't what she used to be,

E
Ain't what she used to be.

The old gray mare,

She ain't what she used to be,

B7   **E**
Many long years a-go.

         A   **E**
Many long years a-go,

         A **Am** **E**
Many long years a - go.

Oh, the old gray mare,

She ain't what she used to be,

B7   **E**
Many long years a-go.

On Top of Spaghetti

Words and Music by Tom Glazer

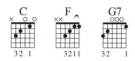

Verse 1

           F   C
On top of spa-ghetti all covered with cheese,

                   G7   C   F C
I lost my poor meatball when somebody sneezed.

               F   C
It rolled off the table and onto the floor,

                  G7   C   F C
And then my poor meatball rolled out of the door.

Verse 2

               F   C
It rolled in the garden and under a bush,

                G7   C   F C
And then my poor meatball was nothing but mush.

               F   C
The mush was as tasty as tasty could be,

                G7   C   F C
And early next summer, it grew into a tree.

Verse 3

               F   C
The tree was all covered with beautiful moss;

             G7   C
It grew lovely meatballs and tomato sauce.

               F   C
So if you eat spa-ghetti all covered with cheese,

             G7   C F C
Hold on to your meatballs and don't ever sneeze.   *A-choo!*

Old MacDonald

Traditional Children's Song

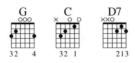

Verse 1

     G   **C** **G**
Old MacDonald had a farm,

     D7 **G**
E - I - E - I - O!

                  C **G**
And on this farm he had a duck,

     D7 **G**
E - I - E - I - O!

With a quack, quack here,

And a quack, quack there,

Here a quack, there a quack,

Ev'rywhere a quack, quack.

                C **G**
Old MacDonald had a farm,

     D7 **G**
E - I - E - I - O!

Additional Lyrics

2. Cow...moo,moo
3. Dogs...bow,bow
4. Pigs...oink, oink
5. Rooster...cock-a-doodle, cock-a-doodle
6. Turkey...gobble, gobble
7. Cat...meow, meow
8. Horse...neigh, neigh
9. Donkey...hee-haw, hee-haw

Peter Cottontail

Words and Music by Steve Nelson
and Jack Rollins

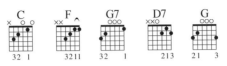

Verse 1

    C
Here comes Peter Cottontail,

    F
Hoppin' down the bunny trail.

G7   **C** **G7**
Hippity hoppin', Easter's on it's way,

C
Bringin' ev'ry girl and boy

F
Baskets full of Easter joy,

G7   **C** **F** **C**
Things to make your Easter bright and gay.

Bridge 1

        F
He's got jellybeans for Tommy,

      C
Colored eggs for sister Sue.

      F
There's an orchid for your Mommy

    D7   **G**
And an Easter bonnet, too.

Verse 2

C
Oh! Here comes Peter Cottontail,

F
Hoppin' down the bunny trail.

G7   C   G7
Hippity hoppity, Happy Easter day.

Verse 3

C
Here comes Peter Cottontail,

F
Hoppin' down the bunny trail,

G7   C   G7
Look at him stop, and listen to him say,

C
"Try to do the things you should."

F
Maybe if you're extra good,

G7   C   F   C
He'll roll lots of Easter eggs down your way.

Bridge 2

F
You'll wake up on Easter morning

C
And you'll know that he was there

F
When you find those choc'late bunnies

D7   G
That he's hiding every-where.

Verse 4

C
Oh! Here comes Peter Cottontail,

F
Hoppin' down the bunny trail.

G7   C   F   C
Hippity hoppity, Happy Easter day.

Year Round Version

Verse 1
Look at Peter Cottontail,
Hoppin' down the bunny trail,
A rabbit of distinction, so they say.
He's the king of Bunny land,
'Cause his eyes are shining and
He can spot the wolf a mile away.

Bridge 1
When the others go for cover
And the big bad wolf appears,
He's the one watching over,
Givin' signals with his ears.

Verse 2
And that's why folks in Rabbit town
Feel so free when he's around,
Peter's helpin' someone everyday.

Verse 3
Little Peter Cottontail
Hoppin' down the bunny trail,
Happened to stop for carrots on the way.
Something told him it was wrong
Farmer Jones might come along
And an awful price he'd have to pay.

Bridge 2
But he knew his legs were faster
So he nibbled three or four,
And he almost met disaster
When he heard that shotgun roar.

Verse 4
Oh, that's how Peter Cottontail,
Hoppin' down the bunny trail,
Lost his tail but still he got away.

Polly Wolly Doodle

Traditional American Minstrel Song

Verse

    C
Oh, I went down South for to see my Sal,

             G7
Singing polly wolly doodle all the day.

My Sal she is a spunky gal,

           C
Sing polly wolly doodle all the day.

Fare thee well, fare thee well,

       G7
Fare thee well, my fairy fay.

For I'm goin' to Lou'siana

For to see my Susyanna,

           C
Singing polly wolly doodle all the day.

Pop Goes the Weasel

Traditional

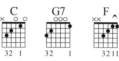

Verse

    C G7   C
Oh, all a-round the mulberry bush,

           G7   C
The monkey chased the weasel.

           G7   C
The monkey thought 'twas all in fun.

F   G7   C
Pop! goes the weasel.

The Rainbow Connection
from THE MUPPET MOVIE

Words and Music by Paul Williams
and Kenneth L. Ascher

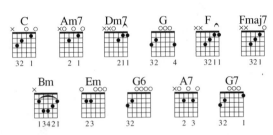

Verse 1

   C   Am7   Dm7   G
Why are there so many songs about rainbows,

     C   G Am7 C F   G
And what's on the oth - er side?

   C   Am7   Dm7 G
Rainbows are visions, but only il-lusions,

     C   G   Am7   C F
And rainbows have nothing to hide.

Fmaj7
So we've been told,

And some choose to believe it;

Bm
I know they're wrong; wait and see.

Chorus 1

   Dm7   G F
Someday we'll find it,

     Em   G A7
The rainbow con-nec-tion;

     Dm7   G6   C F C F
The lovers, the dreamers, and me.

Verse 2

```
         C          Am7      Dm7            G
Who said that ev'ry wish could be heard and answered

         C          G Am7  C  F    G
When wished on the morn - ing star?

C              Am7
Somebody thought of that,

   Dm7        G
And someone be-lieved it;

C          G  Am7 C  F
Look what it's done so far.

Fmaj7
What's so amazing that keeps us star gazing?

     Bm
And what do we think we might see?
```

Chorus 2   ***Repeat Chorus 1***

Bridge
```
     G     Am7    C
All of us under its spell,

     F          C      Dm7  G
We know that it's probably mag  -  ic.
```

Verse 3

    C   Am7   Dm7   G
Have you been half asleep and then you heard voices?

C   G Am7 C F   G
I've heard them calling my name.

C   Am7
Is this the sweet sound

  Dm7   G
That calls the young sailors?

      C   G Am7 C F
The voice might be one and the same.

Fmaj7
I've heard it too many times to ignore it.

  Bm
It's something that I'm s'posed to be.

Chorus 3

Dm7   G   F
Someday we'll find it,

  Em   G A7
The rainbow con-nec-tion;

  Dm7   G6   C
The lovers, the dreamers, and me.

Outro

G   Am7   C
La, da, da, dee, da, da, do.

  F   G7   C
La, la, da, da, da, dee, da, do.

Puff the Magic Dragon

Words and Music by Lenny Lipton and Peter Yarrow

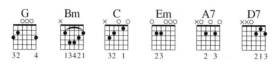

Verse 1

    G   Bm
Puff the magic dragon

C   G
Lived by the sea

    C   G   Em
And frolicked in the autumn mist

    A7   D7
In a land called Hona-lee.

G   Bm
Little Jackie Paper

C   G
Loved that rascal Puff

    C   G   Em
And brought him strings and sealing wax

    A7   D7   G   D7
And other fancy stuff. Oh!

Chorus 1

    G   Bm
Puff the magic dragon

C   G
Lived by the sea

    C   G   Em
And frolicked in the autumn mist

    A7   D7
In a land called Hona-lee.

```
G              Bm
Puff the magic dragon

C          G
Lived by the sea

   C              G    Em
And frolicked in the autumn mist

   A7        D7   G   D7
In a land called Hona-lee.
```

Verse 2
```
      G              Bm
To-gether they would travel

     C              G
On a boat with billowed sail.

C          G    Em
Jackie kept a lookout perched

    A7         D7
On Puff's gigantic tail.

G              Bm
Noble kings and princes

       C              G
Would bow when e'er they came.

C          G    Em
Pirate ships would low'r their flags

    A7        D7   G   D7
When Puff roared out his name. Oh!
```

Chorus 2   ***Repeat Chorus 1***

Verse 3

    G   Bm
A dragon lives for-ever,

     C   G
But not so little boys.

    C   G   Em
Painted wings and giant rings

      A7   D7
Make way for other toys.

G   Bm
One gray night it happened,

C   G
Jackie Paper came no more,

    C   G   Em
And Puff that mighty drag-on,

  A7   D7   G
He ceased his fearless roar.

Verse 4

     G   Bm
His head was bent in sorrow,

      C   G
Green tears fell like rain.

    C   G   Em
Puff no longer went to play

     A7   D7
A-long the Cherry Lane.

     G   Bm
With-out his lifelong friend,

C   G
Puff could not be brave,

     C   G   Em
So Puff that mighty drag-on

     A7   D7   G   D7
Sadly slipped in-to his cave. Oh!

Chorus 3   **Repeat Chorus 1**

            G   Bm
Verse 5   Puff the magic dragon

            C   G
            Danced down the Cherry Lane.

                C   G   Em
            He came upon a little girl,

                A7   D7
            Julie Maple was her name.

                G   Bm
            She'd heard that Puff had gone away,

            C   G
            But that can never be,

                C   G   Em
            So to-gether they went sail-ing

                A7   D7   G
            To the land called Hona-lee.

Chorus 4   **Repeat Chorus 1**

Sailing, Sailing

Words and Music by Godfrey Marks

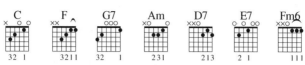

Verse

    C   F   C
Sailing, sailing, over the bounding main,

  G7   C   Am
For many a stormy wind shall blow,

  D7   G7
Ere Jack comes home a-gain!

    C   F   C
Sailing, sailing, over the bounding main,

  F   E7   Am   Fm6
For many a stormy wind shall blow,

    C   G7   C
Ere Jack comes home a-gain.

Skip to My Lou

Traditional

Verse 1

G
Choose your partners, skip to my Lou.

D7
Choose your partners, skip to my Lou.

G
Choose your partners, skip to my Lou.

D7   **G**
Skip to my Lou, my darlin'.

Verse 2

G
Fly's in the buttermilk, shoo fly, shoo!

D7
Fly's in the buttermilk, shoo fly, shoo!

G
Fly's in the buttermilk, shoo fly, shoo!

D7   **G**
Skip to the Lou, my darlin'.

She'll Be Comin' 'Round the Mountain

Traditional

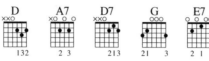

Verse 1

    D
She'll be comin' 'round the mountain when she comes,

                A7
She'll be comin' 'round the mountain when she comes,

    D   **D7**
She'll be comin' 'round the mountain,

    G
She'll be comin' 'round the mountain,

    D   **E7**   **A7**   **D**
She'll be comin' 'round the mountain when she comes.

Verse 2

    D
She'll be drivin' six white horses when she comes,

                A7
She'll be drivin' six white horses when she comes,

    D   **D7**
She'll be drivin' six white horses,

    G
She'll be drivin' six white horses,

    D   **E7**   **A7**   **D**
She'll be drivin' six white horses when she comes.

Verse 3

        D
Oh, we'll all go out to meet her when she comes,

                               A7
Oh, we'll all go out to meet her when she comes,

        D   **D7**
Oh, we'll all go out to meet her,

        G
Yes, we'll all go out to meet her,

        D   **E7**   **A7**   **D**
Yes, we'll all go out to meet her when she comes.

Verse 4

        D
She'll be wearin' a blue bonnet when she comes,

                               A7
She'll be wearin' a blue bonnet when she comes,

        D   **D7**
She'll be wearin' a blue bonnet,

        G
She'll be wearin' a blue bonnet,

        D   **E7**   **A7**   **D**
She'll be wearin' a blue bonnet when she comes.

Sing

from SESAME STREET

Words and Music by Joe Raposo

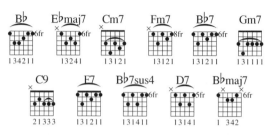

Intro | Bb | |Ebmaj7 | |

Verse

Bb
Sing!

Cm7
Sing a song.

Bb
Sing out loud,

Fm7   **Bb7**
Sing out strong.

Ebmaj7   **Bb**
   Sing of good things, not bad;

Gm7   **C9**   **Cm7 F7**
  Sing of happy, not sad.

Bb
Sing!

    Cm7
Sing a song.

    Bb   **Bb7sus4** **Bb7**
Make it simple to last your whole life long.

    Ebmaj7   **D7**
Don't worry that it's not good enough

    Gm7   **C9**
For anyone else to hear.

Cm7 **F7**
Sing!

    Bb   **F7**
Sing a song!

          Bb
Outro   ‖: La, do, la, da,

          Bbmaj7
La, da, la, la, da,

          Ebmaj7
Lo, da, da, la, do, lo, da. :‖ *Repeat and fade*

So Long, Farewell

from THE SOUND OF MUSIC

Lyrics by Oscar Hammerstein II
Music by Richard Rodgers

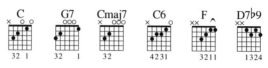

Verse

    C
So long, farewell,

Auf wiedersehn, good night,

                           G7   **C**
I hate to go and leave this pretty sight.

So long, farewell,

Auf wiedersehn, adieu,

                           G7   **C**
Adieu, adieu, to yieu and yieu and yieu.

So long, farewell,

Au'voir, auf wiedersehn,

                                   G7   C

I'd like to stay and taste my first champagne.

So long, farewell,

Auf wiedersehn, goodbye,

I leave and heave a sigh and say goodbye.

     G7   **Cmaj7**
Good-bye.

   C
I'm glad to go, I cannot tell a lie,

                     G7   **C6** **G7**
I flit, I float, I fleetly flee, I fly.

  C6   **G7**   **C6**   **G7**
The sun has gone to bed and so must I.

   F   **C**
So long, fare-well,

   F   **C**
Auf wiedersehn, good-bye,

   D7b9   **G7**   **C6**
Good-bye; good-bye, good-bye, goodbye!

Splish Splash

Words and Music by Bobby Darin
and Murray Kaufman

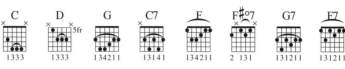

Verse 1

    C N.C.
Splish splash, I was takin' a bath

C
Long about a Saturday night. Yeah!

A rub dub, just relaxin' in the tub,

D   **G**
Thinkin' ev'rything was alright.

          C N.C.   **C7 N.C.**
Well, I stepped out the tub, I put my feet on the floor,

   F N.C.   **F#°7 N.C.**
I wrapped the towel around me and I opened the door.

            C N.C.   **G7 N.C.**
And then a   splish splash, I jumped back in the bath.

      C N.C.   **G**
Well, how was I to know there was a party goin' on?

Chorus 1

                        C
They was a splishin' and a splashin',

Reelin' with the feelin',

Movin' and a groovin',

Rockin' and a rollin'.

Solo 1 | **F7** | | **C** | | |
            | **G** | **F**| **C** | **G**| |

Verse 2

            C N.C.
            Bing bang, I saw the whole gang
            C
Dancin' on my livin' room rug. Yeah!

Flip flop, they was doin' the bop,
            D   **G**
All the teens had the dancin' bug.
                C N.C.   **C7 N.C.**
There was Lollipop a with a   Peggy Sue.
            F N.C.   **F#°7 N.C.**
Good golly, Miss Molly was a even there too!
                C N.C.   **G7 N.C.**
A well a   splish splash, I for-got about the bath.
        C N.C.   **C**
I went and put my dancin' shoes on, yeah.

Chorus 2
C
I was a rollin' and a strollin',

Reelin' with the feelin',

Movin' and a groovin',

Splishin' and a splashin'.

Solo 2 **Repeat Solo 1**

Chorus 3
C
Yes, I was a splishin' and a splashin',

I was a rollin' and a strollin'.
F7
Yeah, I was a movin' and a groovin'.
C
Woo! We was a reelin' and a strollin'.
G
Ha! We was a rollin' and a strollin',
F
Movin' with the groovin',
C
Splish splash.

Supercalifragilisticexpialidocious

from Walt Disney's MARY POPPINS

Words and Music by Richard M. Sherman
and Robert B. Sherman

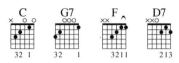

Chorus 1

    C   G7
Supercalifragilisticexpiali-docious!

                                                  C
Even though the sound of it is something quite a-trocious,

                                          F
If you say it loud enough you'll always sound pre-cocious.

    C   G7   C
Supercali-fragilistic-expiali-docious!

Bridge

    C   G7
Um diddle diddle diddle, um diddle ay!

    C   G7
Um diddle diddle diddle, um diddle ay!

Verse

    C   G7
Be-cause I was afraid to speak when I was just a lad,

                                            C
Me father gave me nose a tweak and told me I was bad.

                                          F
But then one day I learned a word that saved me achin' nose,

    D7   G7
The biggest word you ever 'eard and this is 'ow it goes! Oh!

Chorus 2   *Repeat Chorus 1*

A Spoonful of Sugar
from Walt Disney's MARY POPPINS

Words and Music by Richard M. Sherman
and Robert B. Sherman

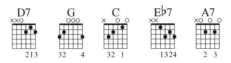

Verse 1

    G
In ev'ry job that must be done

There is an element of fun.

                D7
You find the fun and snap the job's a game.

   C   **Eb7**
And ev'ry task you under-take

G   **A7**
Be-comes a piece of cake,

   D7
A lark! A spree!

  A7   **D7**
It's very clear to see

Chorus 1

A7   D7   G
That a spoonful of sugar helps the medicine go down,

    D7   G
The medicine go down, medicine go down.

A7   D7   G
Just a spoonful of sugar helps the medicine go down

           D7   G   D7
In a most de-lightful way.

Verse 2

          G
A robin feathering his nest

Has very little time to rest

                          D7
While gathering his bits of twine and twig.

                  C   Eb7
Though quite in-tent in his pur-suit

    G   A7
He has a merry tune to toot.

          D7   A7   D7
He knows a song will move the job a-long.

A7
For a...

Chorus 2   **Repeat Chorus 1**

Take Me Out to the Ball Game

Words by Jack Norworth
Music by Albert von Tilzer

D	A7	B7	Em	E7	D7	G	B♭

Verse

  D   **A7**
Take me out to the ball game,

  D   **A7**
Take me out to the crowd.

B7   **Em**
Buy me some peanuts and crackerjack.

E7   **A7**
I don't care if I never get back.

       D   **A7**
Let me root, root, root for the home team,

  D   **D7**   **G**
If they don't win it's a shame.

        Bb   **D**
For it's one, two, three strikes, you're out

      E7 A7 **D**   **A7 D**
At the old ball game.

There's a Hole in the Bucket

Traditional

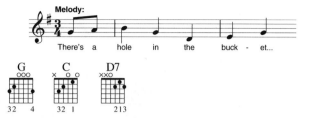

Verse 1

        G   **C**
There's a hole in the bucket,

G **C** **G** **C**
Dear Liza, dear Liza.

        G   **C**
There's a hole in the bucket,

G **C** **D7** **G**
Dear Liza, a   hole!

Additional Lyrics

2. Well, fix it, dear Henry, etc.

3. With what shall I fix it, dear Liza, etc.

4. With a straw, dear Henry, etc.

5. But the straw is too long, dear Liza, etc.

6. Then cut it, dear Henry, etc.

7. With what shall I cut it, dear Liza, etc.

8. With a knife, dear Henry, etc.

9. But the knife is too dull, dear Liza, etc.

10. Then sharpen it, dear Henry, etc.

11. With what shall I sharpen it, dear Liza, etc.

12. With a stone, dear Henry, etc.

13. But the stone is too dry, dear Liza, etc.

14. Then wet it, dear Henry, etc.

15. With what shall I wet it, dear Liza, etc.

16. With water, dear Henry, etc.

17. In what shall I carry it, dear Liza, etc.

18. In a bucket, dear Henry, etc.

19. There's a hole in the bucket, dear Liza, etc.

This Land Is Your Land

Words and Music by Woody Guthrie

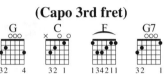

(Capo 3rd fret)

Intro　　| G 　　|　　| C 　　|　　|　　|

Chorus 1
```
               F                           C
This land is your land and this land is my land
               G7                    C
From Cali-fornia to the New York island.
                   F                          C
From the redwood forest to the Gulf Stream waters,
G7                            C
This land was made for you and me.
```

Verse 1
```
               F                    C
As I was walking that ribbon of highway,
                   G7              C
I saw a-bove me that endless skyway,
                   F            C
I saw be-low me that golden valley.
G7                            C
This land was made for you and me.
```

GUITAR CHORD SONGBOOK

Interlude | F | | C | | |
             | | G | C | | |

Verse 2
                      F   C
          I've roamed and rambled and I followed my footsteps

                          G7   C
          To the sparkling sands of her diamond deserts.

                  F   C
          All a-round me, a voice was sounding,

          G7   C
          This land was made for you and me.

Verse 3
                          F   C
          When the sun came shining, and I was strolling,

                          G7   C
          And the wheat fields waving, and the dust clouds rolling,

                      F   C
          As the fog was lifting a voice was chanting:

          G7   C
          "This land was made for you and me."

Chorus 2   ***Repeat Chorus 1***

Verse 4
                  F   C
          As I went walking, I saw a sign there,

                      G7   C
          And on the sign it said "No Tres-passing."

                      F   C
          But on the other side it didn't say nothing.

          G7   C
          This side was made for you and me.

Verse 5
                    F   C
In the shadow of the steeple I saw my people,

             G7   C
By the re-lief office I seen my people;

                  F   C
As they stood there hungry, I stood there asking:

G7   C
Is this land made for you and me?

Verse 6
                  F   C
Nobody living can ever stop me,

            G7   C
As I go walking that freedom highway;

            F   C
Nobody living can ever make me turn back.

G7   C
This land was made for you and me.

Chorus 3   ***Repeat Chorus 1***

Outro
F		C		
G7		C		
F		C		
G		C		

Three Blind Mice

Traditional

Verse

   C   G7   C
Three blind mice,

        G7   C
Three blind mice.

     G7   C
See how they run!

     G7   C
See how they run!

         G7   C
They all ran after the farmer's wife;

              G7   C
She cut off their tails with a carving knife.

         G7   C
Did you ever see such a sight in your life

       G7   C
As three blind mice?

This Old Man

Traditional

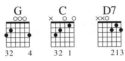

Verse 1

G
This old man, he played one,

C   D7
He played nicknack on my drum

    G
With a nicknack paddy whack, give your dog a bone.

D7   G
This old man came rolling home.

Verse 2

G
This old man, he played two.

C   D7
He played nicknack on my shoe

    G
With a nicknack paddy whack, give your dog a bone.

D7   G
This old man came rolling home.

Verse 3

G
This old man, he played three.

C   **D7**
He played nicknack on my knee

       G
With a nicknack paddy whack, give your dog a bone.

D7   **G**
This old man came rolling home.

Verse 4

G
This old man, he played four.

C   **D7**
He played nicknack on my door

       G
With a nicknack paddy whack, give your dog a bone.

D7   **G**
This old man came rolling home.

This Train

Traditional

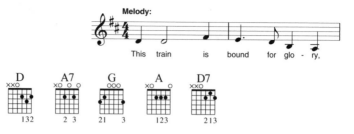

Verse 1

D   A7   D
This train is bound for glory, this train,

          G   A
This train is bound for glory, this train,

D   D7
This train is bound for glory,

G   D
Don't carry nothin' but the righteous and the holy,

         A7   D
This train is bound for glory, this train.

Verse 2

D   A7   D
This train don't carry no gamblers, this train,

           G   A
This train don't carry no gamblers, this train,

D   D7
This train don't carry no gamblers,

G   D
No crap shooters or midnight ramblers,

         A7   D
This train is bound for glory, this train.

Verse 3

    D   **A7**   **D**
This train is built for speed, now, this train,

           G   **A**
This train is built for speed, now, this train,

    D   **D7**
This train is built for speed now,

    G   **D**
Fastest train you ever did see,

          A7   **D**
This train is bound for glory, this train.

Verse 4

    D   **A7**   **D**
This train don't carry no liars, this train,

           G   **A**
This train don't carry no liars, this train,

    D   **D7**
This train don't carry no liars,

    G   **D**
No hypocrites and no high flyers,

          A7   **D**
This train is bound for glory, this train.

Verse 5

    D   **A7**   **D**
This train don't carry no rustlers, this train,

           G   **A**
This train don't carry no rustlers, this train,

    D   **D7**
This train don't carry no rustlers,

    G   **D**
Side-street walkers, two-bit hustlers,

          A7   **D**
This train is bound for glory, this train.

Three Little Fishies (Itty Bitty Poo)

Words and Music by Saxie Dowell

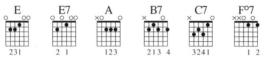

Verse 1

    E   E7   A   B7
Down in the meadow in a little bitty pool

     E   E7   A   B7
Swam three little fishies and a mama fishie, too.

E   E7   A   C7
"Swim," said the mama fishie, "swim if you can,"

      E   F°7   B7   E
And they swam and they swam all over the dam.

Chorus 1

    E   E7   A
Boop boop dittem dattem whattem, Chu!

    E   E7   A
Boop boop dittem dattem whattem, Chu!

    E   E7   A   C7
Boop boop dittem dattem whattem, Chu!

      E   F°7   B7   E
And dey fam and dey fam all over the dam.

Verse 2

    E   E7   A   B7

"Stop," said the mama fishie, "Or you will get lost."

     E   E7   A   B7

The three little fishies didn't wanna be bossed.

     E   E7   A   C7

The three little fishies went off on a spree,

        E   F°7   B7   E

And they swam and they swam right out to the sea.

Chorus 2

    E   E7   A

Boop boop dittem dattem whattem, Chu!

    E   E7   A

Boop boop dittem dattem whattem, Chu!

    E   E7   A   C7

Boop boop dittem dattem whattem, Chu!

       E   F°7 B7   E

And dey fam and dey fam ite out to de fee.

Verse 3

    E   E7   A   B7

"Whee!" yelled the little fishies, "Here's a lot of fun;

     E   E7   A   B7

We'll swim in the sea till the day is done."

     E   E7   A   C7

They swam and they swam and it was a lark,

    E   F°7   B7   E

Till all of a sudden they met a shark!

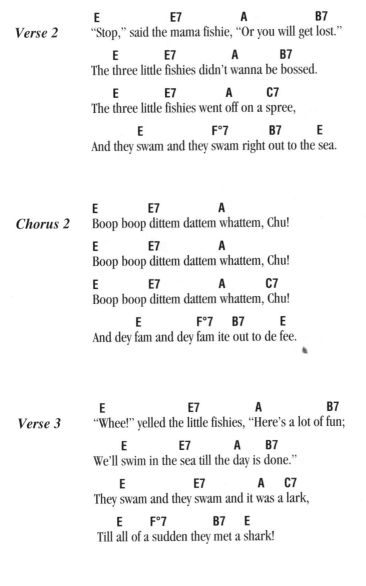

```
                E        E7          A
Chorus 3    Boop boop dittem dattem whattem, Chu!

                E        E7          A
            Boop boop dittem dattem whattem, Chu!

                E        E7          A        C7
            Boop boop dittem dattem whattem, Chu!

                  E     F°7      B7    E
            Till all of a sudden dey met a shark.
```

```
                E              E7              A           B7
Verse 4     "Help!" cried the little fishies, "Gee! Look at all the whales!"

                  E            E7              A     B7
            And quick as they could they turned on their tails.

                  E          E7        A         C7
            And back to the pool in the meadow they swam,

                      E            F°7       B7      E
            And they swam and they swam back over the dam.
```

```
                E        E7          A
Chorus 4    Boop boop dittem dattem whattem, Chu!

                E        E7          A
            Boop boop dittem dattem whattem, Chu!

                E        E7          A        C7
            Boop boop dittem dattem whattem, Chu!

                    E            F°7       B7       E
            And dey fam and dey fam back over de dam.
```

Twinkle, Twinkle Little Star

Traditional

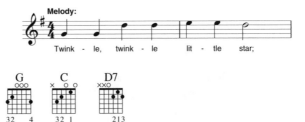

Verse

    G   **C** **G**
Twinkle, twinkle, little star;

C   **G**   **D7**   **G**
How I wonder what you are.

       C   **G**   **D7**
Up a-bove the world so high,

G   **C**   **G**   **D7**
Like a diamond in the sky!

G   **C** **G**
Twinkle, twinkle, little star;

C   **G**   **D7**   **G**
How I wonder what you are.

When I'm Sixty-Four

Words and Music by John Lennon
and Paul McCartney

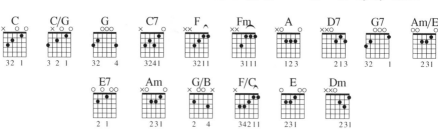

When I   get   old -   er,   los - ing   my   hair, __

C   C/G   G   C7   F   Fm   A   D7   G7   Am/E

E7   Am   G/B   F/C   E   Dm

Verse 1

      C
When I get older, losing my hair,

               G
Many years from now,

Will you still be sending me a valentine,

      N.C.   **C**
Birth - day greetings, bottle of wine?

If I'd been out 'til quarter to three,

C7   **F**
Would you lock the door?

        Fm
Will you still need__ me?

C   **A**
Will you still feed__ me,

D7   **G7**   **C**
When I'm sixty-four?

Bridge 1

Am/E E7 Am G/B F/C G/B G Am
        Ooh.

          E   N.C. Am
You'll be older, too.

        Dm
And if you say the word,

F   G   C   G7
I could stay with you.

Verse 2

C
I could be handy mending a fuse

                    G7
When your lights have gone.

You can knit a sweater by the fireside.

        N.C.   C
Sun - day morning go for a ride.

Doing the garden, digging the weeds,

C7   F
Who could ask for more?

              Fm
Will you still need__ me?

C   A
Will you still feed__ me,

D7   G7   C
When I'm sixty-four?

Bridge 2	**Am/E** **E7** **Am** Ev'ry summer we can rent a cottage

Am/E   **E7**   **Am**
Bridge 2   Ev'ry summer we can rent a cottage

      G/B F/C   **G/B**   **G**   **Am**
In the Isle of Wight,___ if it's not too dear.

                    E   **N.C.** **Am**
We shall scrimp and save.

          Dm
Grandchildren on your knee;

F   **G**   **C**   **G7**
Vera, Chuck, and Dave.

          C
Verse 3   Send me a postcard, drop me a line,

               G
Stating point of view.

Indicate precisely what you mean to say.

      N.C.   **C**
Yours sincerely wasting away.

Give me your answer, fill in a form,

C7   **F**
Mine forevermore.

             Fm
A will you still need___ me?

C   **A**
Will you still feed___ me,

D7   **G7** **C**
When I'm sixty-four?

Yankee Doodle

Traditional

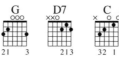

Verse 1

G   D7
Father and I went down to camp,

G   D7
A-long with Captain Good-ing,

G   C
And there we saw the men and boys

D7   G
As thick as hasty pudding.

Chorus 1

C
Yankee doodle, keep it up,

G
Yankee doodle dandy,

C
Mind the music and the step,

G   D7   G
And with the girls be handy.

Verse 2   **G**   **D7**
And there we saw a thousand men,

                         G   **D7**
As rich as Squire Da-vid.

                         G   **C**
And what they wasted ev'ry day,

                         D7   **G**
I wish it could be saved.

Chorus 2   **Repeat Chorus 1**

Verse 3   **G**   **D7**
There was Captain Washing-ton

                         G   **D7**
Up-on a slapping stal-lion,

                         G   **C**
A giving orders to his men,

                         D7   **G**
I guess it was a million.

Chorus 3   **Repeat Chorus 1**

Verse 4   **G**   **D7**
And then the feathers on his hat,

                         G   **D7**
They looked so 'tarnel fine, ah!

                         G   **C**
I wanted peski-ly to get

                         D7   **G**
To give to me Je-mima.

Chorus 4   ***Repeat Chorus 1***

                     G   D7
Verse 5   We saw a little barrel too,

            G   D7
           The heads were made of leath-er.

            G   C
           They knocked on it with little clubs

            D7   G
           And called the folks to-gether.

Chorus 5   ***Repeat Chorus 1***

            G   D7
Verse 6   And there they'd fife away like fun,

            G   D7
           And play on cornstalk fid-dles.

            G   C
           And some had ribbons red as blood

            D7   G
           All bound around their middles.

Chorus 6   ***Repeat Chorus 1***

When the Saints Go Marching In

Words by Katherine E. Purvis
Music by James M. Black

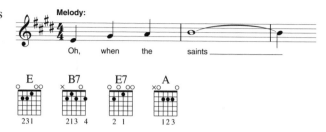

E   B7   E7   A

Verse 1

               E
Oh, when the saints go marching in,

                         B7
Oh, when the saints go marching in,

         E   **E7**   **A**
Oh Lord, I want to be in that number,

         E   **B7**   **E**
When the saints go marching in.

Verse 2

               E
Oh, when the sun refuse to shine,

                    B7
Oh, when the sun refuse to shine,

         E   **E7**   **A**
Oh Lord, I want to be in that number,

         E   **B7**   **E**
When the sun re-fuse to shine.

                              E
Verse 3   Oh, when they crown Him Lord of all,

                                        B7
              Oh, when they crown Him Lord of all,

                    E   E7   A
              Oh Lord, I want to be in that number,

                    E   B   E
              When they crown Him Lord of all.

                              E
Verse 4   Oh, when they gather 'round the throne,

                                        B7
              Oh, when they gather 'round the throne,

                    E   E7   A
              Oh Lord, I want to be in that number,

                    E   B7   E
              When they gather 'round the throne.

Won't You Be My Neighbor?
(It's a Beautiful Day in This Neighborhood)

from MISTER ROGERS' NEIGHBORHOOD

Words and Music by Fred Rogers

Melody:

It's a beau - ti - ful day in this...

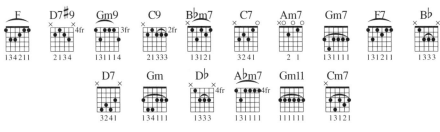

F	D7#9	Gm9	C9	Bbm7	C7	Am7	Gm7	F7	Bb
134211	2134	131114	21333	13121	3241	2 1	131111	131211	1333

D7	Gm	Db	Abm7	Gm11	Cm7
3241	134111	1333	131111	111111	13121

Intro　　　| F　　D7#9　|Gm9　　C9　　　|

Verse 1

      F   D7#9
It's a beautiful day in this neighborhood,

    Gm9   Bbm7
A beautiful day for a neighbor.

    C7   Am7   Gm7
Would you be mine?

    C9   F   Gm7
Could you be mine?

    C9 F   D7#9
It's a neighborly day in this beauty wood,

    Gm9   Bbm7
A neighborly day for a beauty.

    C7   Am7   Gm7
Would you be mine?

    C9   F   F7
Could you be mine?

	Bb	D7#9	Gm	Db

Bridge   I have always wanted to have a neighbor just like you!

           F   **Gm7**   **Abm7**   **Gm11**
I've always wanted to live in a neighbor-hood with you.

           C7 F   **Cm7**   **D7**
Verse 2   So let's make the most of this beautiful day,

           Gm9   **Bbm7**
Since we're together we might as well say;

           F   **Dm7**
Would you be mine?

           Gm7
Could you be mine?

           C7   **F**
Won't you be my neighbor?

           Bb   **Am7** **Gm**   **Am7**   **D7**
Won't you please, won't you please?

           Gm7   **C7** **F**
Please won't you be my neighbor?

Yellow Submarine

Words and Music by John Lennon
and Paul McCartney

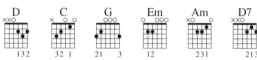

Verse 1

      D   **C** **G**
In the town where I was born

Em **Am**   **C**   **D**
Lived a man who sailed the sea.

G   **D**   **C**   **G**
And he told us of his life

Em **Am**   **C**   **D**
In the land of subma-rines.

Verse 2

      D   **C** **G**
So we sailed up to the sun

Em **Am**   **C**   **D**
Till we found the sea of green.

G   **D**   **C**   **G**
And we lived be-neath the waves

Em **Am**   **C**   **D**
In our yellow subma-rine.

Chorus 1
      G   D
We all live in a yellow submarine,

                 G
Yellow submarine, yellow submarine.

           D
We all live in a yellow submarine,

              G
Yellow submarine, yellow submarine.

Verse 3
          D   C   G
And our friends are all on board,

Em Am   C   D
Many more of them live next door.

G   D   C   G   D G   D7 G
And the band be-gins to play.

Chorus 2   ***Repeat Chorus 1***

Verse 4
          D C   G
As we live a life of ease,

Em Am   C   D
Ev'ry one of us has all we need.

G   D   C   G
Sky of blue and sea of green

Em Am C   D
In our yellow subma-rine.

Chorus 3   ***Repeat Chorus 1 till fade***

Zip-A-Dee-Doo-Dah

from Walt Disney's SONG OF THE SOUTH

Words by Ray Gilbert
Music by Allie Wrubel

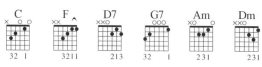

Verse 1

```
 C                F         C
Zip-a-dee-doo-dah, zip-a-dee-ay,

 F     C        D7          G7
My, oh my, what a wonderful day!

 C               F         C
Plenty of sunshine, headin' my way.

 F           C    Am Dm G7   C
Zip-a-dee-doo - dah,     zip-a-dee-ay!
```

Bridge

```
           G7            C
Mister Bluebird on my shoulder.

           D7
It's the truth, it's "actch'll."

 G N.C.
    Ev'rything is "satisfactch'll."
```

Verse 2

```
 C               F         C
Zip-a-dee-doo-dah, zip-a-dee-ay!

 F           C    Am D7   G7    C
Wonderful feel - ing,   wonder-ful day.
```

Guitar Chord Songbooks

Each book includes complete lyrics, chord symbols, and guitar chord diagrams.

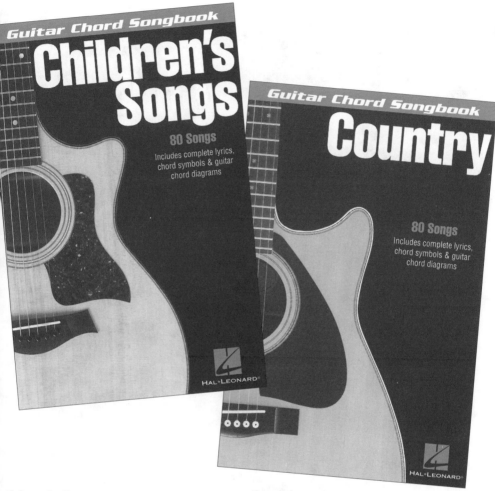

Children's Songs

...reat resource for over 70 songs for kids, complete ...h the chords and lyrics for each. Songs include: ...habet Song • Any Dream Will Do • The Bear Went ...r the Mountain • Bingo • Bob the Builder (Intro ...eme Song) • The Brady Bunch • The Candy Man • ...-Re-Mi • Edelweiss • Eensy Weensy Spider • Home ...the Range • It's a Small World • Mickey Mouse ...rch • The Muffin Man • My Favorite Things • Old ...cDonald • On Top of Spaghetti • Puff the Magic ...agon • The Rainbow Connection • Sing • Splish ...ash • Supercalifragilisticexpialidocious • Take Me ...t to the Ball Game • Twinkle, Twinkle Little Star • ...n't You Be My Neighbor? (It's a Beautiful Day in This ...ghborhood) • Yellow Submarine • and more!
...99539 . . . .$12.95

Country

A compact collection of 80 country standards, including: Abilene • Always on My Mind • Amazed • Blue • Blue Eyes Crying in the Rain • Boot Scootin' Boogie • Breathe • Could I Have This Dance • Crazy • Elvira • Folsom Prison Blues • Forever and Ever, Amen • Friends in Low Places • Green, Green Grass of Home • He Stopped Loving Her Today • Hey, Good Lookin' • I Can't Stop Loving You • I Feel Lucky • I Hope You Dance • I Love a Rainy Night • I've Got a Tiger by the Tail • Jambalaya (On the Bayou) • Mammas Don't Let Your Babies Grow up to Be Cowboys • Okie from Muskogee • Ring of Fire • Rocky Top • Sixteen Tons • Tennessee Waltz • Through the Years • You Are My Sunshine • Your Cheatin' Heart • and more.
00699534 . . . .$12.95

Christmas Songs

A great resource of the chords and lyrics for 80 Christmas favorites, including: Baby, It's Cold Outside • The Chipmunk Song • The Christmas Shoes • The Christmas Song (Chestnuts Roasting on an Open Fire) • Christmas Time Is Here • Feliz Navidad • Frosty the Snow Man • The Gift • Grandma Got Run over by a Reindeer • Happy Holiday • Happy Xmas (War Is Over) • A Holly Jolly Christmas • (There's No Place Like) Home for the Holidays • I Heard the Bells on Christmas Day • I Saw Mommy Kissing Santa Claus • I've Got My Love to Keep Me Warm • It Must Have Been the Mistletoe (Our First Christmas) • Jingle-Bell Rock • Merry Christmas, Darling • Miss You Most at Christmas Time • Rudolph the Red-Nosed Reindeer • Silver Bells • We Need a Little Christmas • What Are You Doing New Year's Eve? • and more.
00699537 . . . .$12.95

Christmas Carols

A convenient reference of 80 Christmas carols for player who just needs the lyrics and chords. So include: Angels We Have Heard on High • Away i Manger • Christ Was Born on Christmas Day • Cove Carol • Deck the Hall • The Friendly Beasts • Fu Fum, Fum • Good King Wenceslas • The Holly and Ivy • I Heard the Bells on Christmas Day • I Saw Th Ships • Irish Carol • Jingle Bells • Joy to the World Christmas Tree • O Holy Night • Silent Night • T Twelve Days of Christmas • Up on the Housetop • Wish You a Merry Christmas • Welsh Carol • What Ch Is This? • and more.
00699536 . . . .$12.